LA MOSELLE

NOBILIAIRE ET HÉRALDIQUE

OU

ÉTAT DE LA NOBLESSE

*de ce département au moment de sa transformation
en province lorraine*

CONTENANT LES NOMS PATRONYMIQUES, DE FIEFS ET LES SURNOMS
DES FAMILLES NOBLES OU RÉPUTÉES TELLES ;
AVEC LEURS TITRES NOBILIAIRES, DIGNITÉS ET FONCTIONS
PUBLIQUES OU HONORIFIQUES ;
LA DESCRIPTION HÉRALDIQUE DE LEURS ARMOIRIES ; LEUR PROVINCE
D'ORIGINE ET LEURS DERNIÈRES RÉSIDENCES DANS
LE DÉPARTEMENT DE LA MOSELLE, AVANT SON DÉMEMBREMENT
DE LA FRANCE (1871).

par

Alphonse BREMOND (DE STRAEBOURG)

auteur de plusieurs ouvrages sur la Noblesse, sur l'Art héraldique, etc.

AVEC BLASONS GRAVÉS SUR BOIS

par M. Adolphe BELLEVOYE, artiste messin.

METZ

TYPOGRAPHIE DE CHARLES THOMAS, RUE JURUE, 1.

—

1879

LA MOSELLE

NOBILIAIRE ET HÉRALDIQUE

AVANT 1871

1893

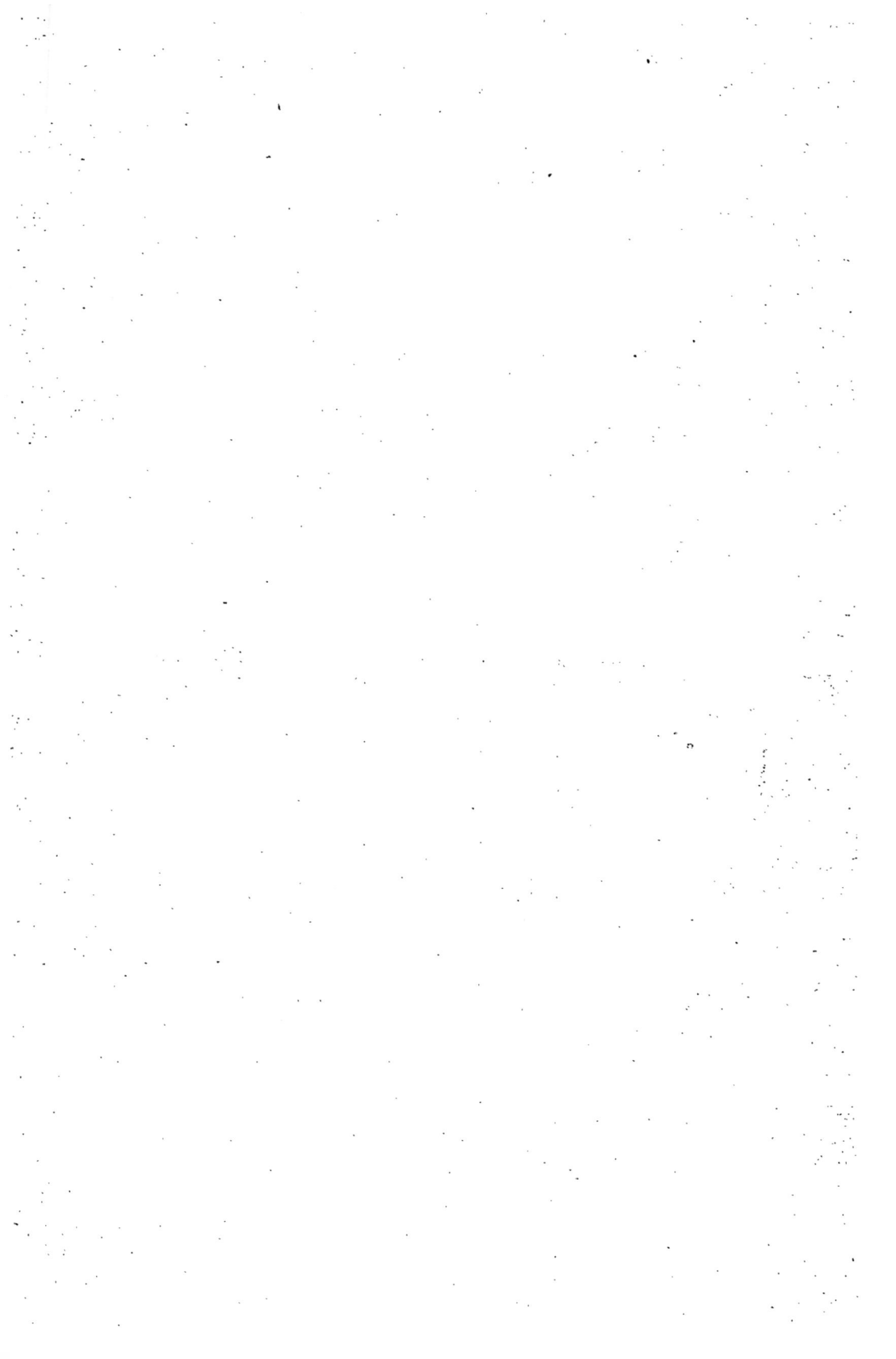

LA MOSELLE
NOBILIAIRE et HÉRALDIQUE

OU

ÉTAT DE LA NOBLESSE

*de ce département au moment de sa transformation
en province lorraine*

CONTENANT LES NOMS PATRONYMIQUES, DE FIEFS ET LES SURNOMS
DES FAMILLES NOBLES OU RÉPUTÉES TELLES ;
AVEC LEURS TITRES NOBILIAIRES, DIGNITÉS ET FONCTIONS
PUBLIQUES OU HONORIFIQUES ;
LA DESCRIPTION HÉRALDIQUE DE LEURS ARMOIRIES ; LEUR PROVINCE
D'ORIGINE ET LEURS DERNIÈRES RÉSIDENCES DANS
LE DÉPARTEMENT DE LA MOSELLE, AVANT SON DÉMEMBREMENT
DE LA FRANCE (1871).

par

ALPHONSE BREMOND (DE STRASBOURG)

auteur de plusieurs ouvrages sur la Noblesse, sur l'Art héraldique, etc.

AVEC BLASONS GRAVÉS SUR BOIS
par M. Adolphe BELLEVOYE, artiste messin.

METZ
TYPOGRAPHIE DE CHARLES THOMAS, RUE JURUE, 1.

—

1879

Offert à la bibliothèque Nationale

par l'auteur   A Bremond

AVIS DE L'AUTEUR

« Arrêter l'erreur chaque fois qu'elle peut être saisie,
« la combattre et l'empêcher de se propager sous le pa-
« tronage d'associations justement réputées, c'est rendre
« service à la science *(et à l'Histoire)*. Quelque minime
« que ce service puisse paraître ici aux yeux des per-
« sonnes qui ne considèrent que le peu d'importance du
« fait en lui-même, il n'est pas à dédaigner, car il ne
« faut pas s'y méprendre, je ne me propose pas seule-
« ment une vaine discussion généalogique, etc.... » Nous
avons extrait ce qui précède de l'introduction d'une brochure imprimée, à Metz, en 1859, sur la *Maison de Heu*,
d'après un manuscrit de la bibliothèque de l'Arsenal, de
Paris, et le *Miroir des Nobles de la Hesbaie*, etc.

Nous sommes *en cela* d'accord avec l'auteur de cette
brochure : « *Arrêter l'erreur chaque fois qu'elle peut être*
« *saisie, la combattre et l'empêcher de se propager, etc.* »
Aussi avec quel dégoût avons-nous lu certaines publica-
tions nobiliaires parues en Belgique, à Luxembourg, à
Metz, etc., depuis 1830 environ, contenant des généa-
logies fantaisistes, dans lesquelles *l'audace le dispute à*
l'erreur volontaire.

Notre but est d'indiquer l'état de la Noblesse du département de la Moselle, avant 1871, pour servir à l'Histoire
générale des familles Nobles (1).

Alphonse BREMOND.

---

(1) On trouve un article sur la Noblesse de Lorraine, en 1870, dans
l'*Annuaire de la Noblesse de France* pour 1874, par M. Borel d'Hauterive.

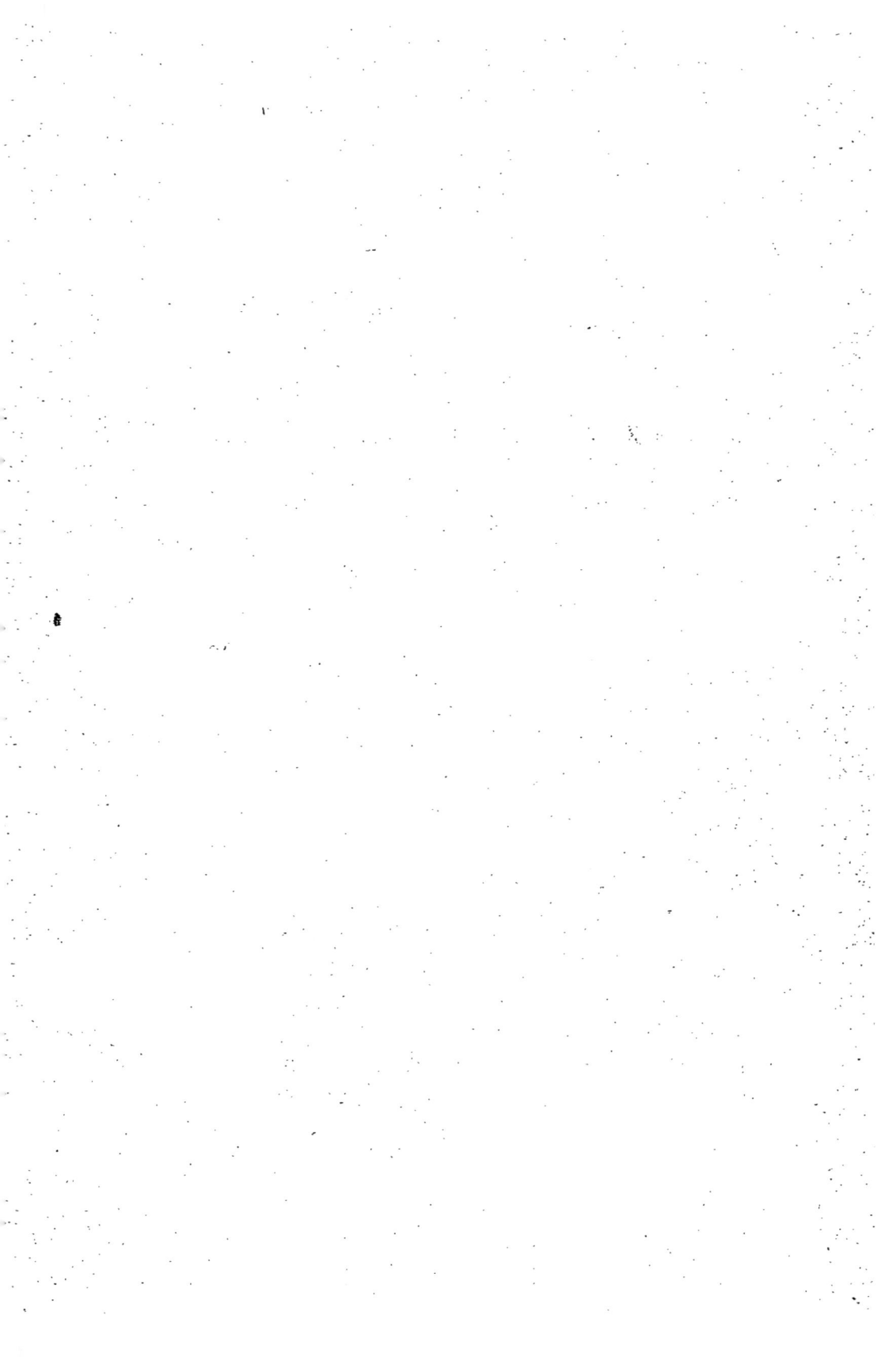

ÉTAT DES FAMILLES NOBLES

OU RÉPUTÉES TELLES

REPRÉSENTÉES DANS LE DÉPARTEMENT DE LA MOSELLE

AVANT 1871

A

ANCILLON DE JOUY (Louis-Jules), à Metz, a été autorisé par décret du 26 août 1865, à ajouter à son nom patronymique celui de *de Jouy*. — De gueules, à la gerbe de blé d'or, liée du même, surmontée de trois étoiles aussi d'or, posées en fasce.

ANGLEMONT DE TASSIGNY (d'), à Metz. Originaires des Ardennes. — D'azur, à un chevron d'argent, accompagné de trois quintefeuilles d'or, deux en chef et une en pointe.

— Les *de Tassigny,* dont les *d'Anglemont* ont retenu le nom, portaient : d'or, à trois merles de sable, becqués et membrés de gueules, posés deux et un.

ARBOIS (Marie-Françoise d'), est décédée, à Metz, le 29 janvier 1871, rue des Ecoles. (Etat civil).

ARCHAMBAULT (d'), à Metz. — D'azur, à trois lions rampants d'or, à un écusson d'argent, au pal de gueules chargé de trois sautoirs d'argent, mis en abîme.

ARROS (d'), représentés à Metz. Originaires du Béarn. — Ecartelé, aux 1er et 4e d'or, à une roue de gueules ; aux 2e et 3e d'argent, à trois chevrons d'azur. *(Biographie du Parlement de Metz ;* p. 9).

AUX COUSTEAUX DE CONTY, avocat, à Metz, rue de l'Evêché, 43. Originaires de Picardie. — D'azur, à trois couteaux d'argent emmanchés d'or. (Armorial de Waignart).

B

BAUDINET DE COURCELLES, rue de l'Esplanade, 4, à Metz, et au château de Villers-aux-Bois, par Conflans. — D'azur, à trois croisettes pommetées d'or, au pied fiché ; coupé d'argent, au lion passant de sable, lampassé de gueules. *(Armorial de Lorraine. — Biographie du Parlement de Metz ;* p. 19).

BAZELAIRE (de), procureur impérial, à Thionville et à Metz. — M. Maurice de Bazelaire a été autorisé par décret du 3 février 1866, à ajouter à son nom patronymique celui de DE RUPIERRE. — D'argent, à trois flèches de gueules, deux passées en sautoir et une en pal, liées d'un lac de sable ; au chef d'azur, chargé de trois étoiles d'argent. *Cimier :* une flèche de gueules, surmontée d'une étoile d'or.

BEAUREDON (de), capitaine adjudant-major au 85e régiment d'infanterie, à l'armée du Rhin, chevalier de la Légion-d'Honneur, etc. (Etat civil de Metz, naissance du 20 août 1870).

BEAUSIRE (de), à Metz. — D'azur, à la bande d'argent, chargée de trois têtes de bouc de sable. *(Biographie du Parlement de Metz; p. 20).*

BEAUVENT (de), juge suppléant à Sarreguemines, et à Metz. — D'azur, à trois gerbes de blé d'or, liées de gueules, posées deux et une ; au chef cousu de gueules, chargé d'une étoile d'argent.

BERNARD DE LA VERNETTE, au château de Borny, près de Metz. Originaires du Mâconnais (Bourgogne). (Etat civil de Metz, 1836, 1839, 1877). — De gueules, à la bande d'or, chargée de trois étoiles d'azur, accompagnée en chef d'un cornet de chasse d'or, enguiché et virolé d'azur. *(Indic. Héraldique et Généalog. du Mâconnais,* par A. Arcelin, etc. Mâcon, 1865 ; in-8º, p. 38).

BELCHAMPS (de), au château d'Aubigny, par Courcelles-Chaussy. — D'azur, à un pal componné d'argent et de gueules de six pièces, qui est *de Belchamps ;* écartelé d'azur, à la croix d'or, chargée en cœur d'une étoile de sable, qui est *de Dieuze.*

BERTRAND, chevalier de l'Empire, maire à Bertrange.

BERTRAND DE BOUCHEPORN, à Metz. — D'azur, à une pomme de pin d'argent, feuillée et tigée du même ; écartelé de gueules, à trois annelets entrelacés d'or.

BLAIR (de), au château des Etangs, par Vigy. — De sable, à une fasce d'or, accompagnée de trois besants du même ; à un écusson d'argent, mis sur la fasce, chargé d'un chevron ondé de sable et accompagné de trois tourteaux de même. *(Mém. de la soc. d'Archéologie et d'Histoire de la Moselle ;* 1869 ; p. 8).

BOCK (de), de Thionville. Originaires de Franconie. — De gueules, au bouc saillant d'argent, onglé de sable (Dom Pelletier, Bégin, Emm. Michel).

BOISSIEUX (de), conseiller de préfecture, à Metz (Moselle).

BOISSONNEAU DE CHEVIGNY, au château de Coin-lès-Cuvry, par Solgne. — D'azur, à la fasce d'argent, chargée de deux branches d'olivier de sinople, se touchant par les tiges ; à un chevron d'argent brochant sur le tout, accompagné en chef de deux étoiles d'argent et en pointe d'un lion du même.

BOUDET DE PUYMAIGRE (Théodore, comte), littérateur, membre de l'Académie de Metz, etc. ; décoré de plusieurs ordres ; place Saint-Martin, 3, à Metz, et au château d'Inglange. — D'or, à un demi vol dextre de sable.

BOUÉXIC DE PINIEUX (du), *comte*, rue des Parmentiers, 4, à Metz. Originaires de Bretagne. — D'argent, à trois arbres de sinople. *(Etat présent de la Noblesse de France ;* 1868 ; p. 342 (1). — Etat civil de Metz, mariages de 1870, n° 249).

BOUSSARD DE HAUTEROCHE, dame PAQUET, à Woippy, près Metz. Originaires du Mâconnais.

BOUTEILLER (Ern. de), ancien député, ancien capitaine d'artillerie, conseiller d'arrondissement, président de la société d'Archéologie et d'Histoire de la Moselle, etc., rue Marchant, 27, à Metz. — D'azur, à la bouteille d'or, posée en pal ; au chef d'argent, chargé de deux molettes d'éperons de sable. *(Biographie du Parlement de Metz ;* p. 54).

BOUTON D'AGNIÈRES, rue de l'Esplanade, 22, à Metz. — M. Constant-Eloi Bouton, médecin-major, né à Béthune (Pas-de-Calais), le 31 mars 1815, a été autorisé par décret du 14 mars 1865, à additionner à son nom patro-

---

(1) Cet ouvrage auquel nous avons fait quelques emprunts renferme généralement des communications faites par les familles intéressées.

nymique celui *d'Agnières?* — D'azur, à la croix potencée d'argent. — (Etat civil de Metz, mariages de 1870, nº 141).

C

CAIGNART DE SAULCY, membre de l'Institut, à Paris, sénateur, officier de la Légion-d'Honneur, inspecteur des monuments historiques de la Moselle, etc. ; M. Caignart de Saulcy, ancien officier de marine, chevalier de la Légion-d'Honneur, membre de l'Académie de Metz. — D'azur à trois chevrons d'or, surmontés de deux glands de chêne accostés, feuillés et tigés d'argent. *(Biogr. du Parlement de Metz ;* art. BRYE ; p. 65).

CARREY D'ASNIÈRES, rue de l'Esplanade, 30, à Metz, et à Villers-aux-Bois. — D'azur, à trois carreaux (ou losanges) d'argent, posés deux et un. (Idem, p. 48).

CASSERON DE VILLENOISY, chef de bataillon du génie à l'école d'Application, officier de la Légion-d'Honneur. — Originaires de l'Isle-de-France. — Etat civil de Metz, 1871. — D'azur, à un vaisseau d'or ; au chef cousu de gueules, chargé d'un besant d'argent, entre deux casses du même. *(Etat présent de la Noblesse française ;* 1868 ; p. 547).

CAULAINCOURT (de), au château de Giel, par Puttelange. Originaires de Picardie. — De sable ; au chef d'or.

CAUSSIN DE PERCEVAL, procureur impérial, à Metz, chevalier de la Légion-d'Honneur, rue Mazelle, 37. — Une ordonnance royale du 9 mai 1829, permit l'addition du nom *de Perceval.*

CHANTEAU (de), avocat, à Metz, rue de l'Evêché, 56. — Coupé d'azur et de gueules ; à une fasce d'or, accompagnée en chef d'une quintefeuille d'argent, accostée de deux étoiles du même ; et en pointe, à trois pals d'argent (ex libris).

CHARIER DE SAMBŒUF, à Thionville. Originaires de Bourgogne. — D'azur, à un losange et à une roue d'or accostés en abîme et accompagnés de trois besants d'argent, posés deux et un. *(Etat présent de la Noblesse française ;* 1868 ; p. 481).

CHARTENER, bibliophile, rue du Haut-de-Sainte-Croix. — Parti, au premier d'argent, à la tour de sable ; au chef d'azur, chargé d'un soleil adextré d'or et d'une épée d'argent garnie d'or à senestrée ; au deuxième de gueules, à un lion rampant d'or, surmonté en chef de trois étoiles d'argent.

CHAUTANT DE VERCLY, à Metz. — D'azur, au chevron d'argent, accompagné à dextre d'un soleil rayonnant d'or, et en pointe d'une fleur du même. *(Biographie du Parlement de Metz ; p.* 87).

CHAZELLES (de), à Metz, place Saint-Martin, 2, et à Lorry. Originaires du Lyonnais. — D'or, au semé de feuilles de trèfle de sinople sans nombre, la tige inclinée.

CHÉRISEY (de), à Metz et à Chérisey. Originaires du Soissonnais. — Coupé d'or et d'azur ; l'or, au lion issant, armé, lampassé et couronné de gueules.

CHICOYNEAU DE LAVALETTE (Gaston), capitaine d'artillerie, chevalier de la Légion-d'Honneur, rue du Grand-Cerf, 9, à Metz. (Etat civil de Metz ; naissances de 1870).

CHONET DE BOLLEMONT, conseiller à la cour impériale, rue de la Pierre-Hardie, 3, à Metz. — Parti au premier d'azur, à la vache passante d'argent, surmontée d'une étoile du même ; au deuxième d'azur, au sautoir d'argent, chargé de quatre flèches entées, empennées et apointées de gueules, réunies en cœur ; à une aigle éployée d'argent, posée en chef. *(Etat présent de la Noblesse française ;* 1868 ; p. 512).

CLERCX, à Metz et à la Belle-Tange. Originaires du pays de Liège. — D'argent, à l'aigle éployée de sable, allumée et languée de gueules, becquée et membrée d'or. (Biblioth. de la ville de Metz).

COUET (de), à Hayes, par Vigy. Originaires de la Tourraine. — De gueules, à trois fers de lance ou de flèche renversés d'argent, posés deux en chef et un en pointe. — *Cimier :* un homme tenant à chaque main une flèche.

COUET DE LORRY (de), branche de la famille ci-dessus, au château de Malavillers. — De gueules, à trois fers de lance d'argent, posés deux et un, la pointe en bas. — *Devise : Litteris et armis. (Biographie du Parlement de Metz ; p.* 107).

COËTLOSQUET (comte du), administrateur des hospices, etc., rue du Grand-Cerf, 9, à Metz. — De sable, au semé de billettes d'argent ; au lion morné et rampant du même, en abîme, brochant sur le tout. — *Devise :* Franc et loyal.

COUDERC DE SAINT-CHAMANT, trésorier-payeur général de la Moselle, chevalier de l'ordre de la Légion-d'Honneur, commandeur de Saint-Grégoire-le-Grand, rue Marchant, 17, à Metz ?

COURTEN (de), hôtel de Jobal, à Metz, et au château de Bazoncourt, par Rémilly. Originaires de la Suisse. — De gueules, à un monde cerclé, cintré et croiseté d'or.

CRESSAC DE SOLEUVRE (Ed., baron de), président de la société de Tir, à Metz, chevalier de l'ordre royal grand-ducal de la Couronne de Chêne des Pays-Bas ; et au château de Helfedange, par Faulquemont.

CRÉVOISIER (de), docteur en médecine, à Briey.

CUREL (vicomte de), propriétaire à Metz et à Hagondange. Originaires du Bassigny. — D'azur, au lion rampant d'or, armé et lampassé de gueules ; accosté d'un dextrochère de carnation, tenant une balance d'argent, mouvant d'une nue de naturel, chargée d'une étoile aussi d'argent. — *Devise : Justicia et animo.* — Armes an-

ciennes : vairé d'or et d'azur ; au chef de gueules, chargé d'un léopard passant d'argent. *(Nobil. de Lorraine ;* par dom Pelletier).

D

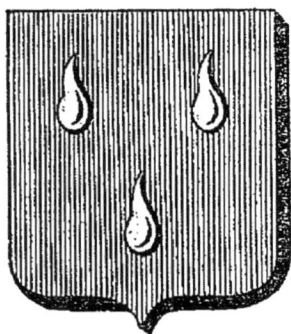

DELHERM DE NOVITAL, à Metz, Nancy, Saint-Quentin, Toulouse, etc. Originaires de Languedoc. — De gueules, à trois larmes d'argent, posées deux en chef et une en pointe.

DEMENGEOT (baron de l'Empire), conseiller à la cour impériale de Metz, chevalier de la Légion-d'Honneur. — Coupé, en chef parti, au premier d'azur, à trois bombes d'or ; au deuxième de gueules, à une épée antique d'argent, la pointe haute ; et en pointe d'argent, au cheval galopant de sable. *(Nobil. de Saint-Mihiel ;* t. II, p. 459, avec blasons).

DES GODINS DE SOUHESME, conseiller à la cour de Metz, chevalier de la Légion-d'Honneur.

DESPREZ DE GÉSINCOURT, sous-inspecteur des forêts, à Briey. (Etat civil de Metz, mariages de 1870, nº 181).

DUBOIS DE SAINT-VINCENT, conservateur des hypothèques à Metz. Originaires de Savoie et de Provence. — De gueules, à deux lances d'or, passées en sautoir. *(Arm. Univ.* — Etat civil de Metz, naissances de 1870).

DU BOYS DE RIOCOURT, à Metz. — D'azur, au chêne arraché d'or, fruité de naturel ; écartelé de sable, à la bande d'or, accompagnée de six billettes du même.

DUFOUR (baron de l'Empire), conseiller doyen à la cour impériale de Metz, chevalier de la Légion-d'Honneur, rue Saint-Marcel, 18. — Coupé d'azur : en chef à une ruche d'or, au soleil naissant du canton dextre, rayonnant d'or, et au canton senestre de gueules, chargé d'une épée haute d'argent, qui est de baron militaire ; et en pointe, au chevron d'or et au coq du même.

DUFRESNE, conseiller honoraire de préfecture, chevalier de la Légion-d'Honneur, à Metz ; de la famille de l'historien picard. — D'or, au fresne de sinople.

DUPASQUIER ou DU PASQUIER DE DOMMARTIN, à Metz. — De gueules, à une épée d'argent, garnie d'or, mise en pal, la pointe haute ; à la fasce d'azur, chargée de quatre étoiles d'or, brochant sur le tout. (Biographie du Parlement de Metz, p. 140).

DUPONT DES LOGES (Paul), évêque de Metz. Originaires de la Bretagne. — D'argent, à une fasce de sable, chargée d'une molette d'éperon d'or, accompagnée de trois roses de gueules, posées deux en chef et une en pointe.

DURAND d'AULNOUX, rue des Trois-Boulangers, à Metz. — D'or, à quatre pals de sable ; au chef danché de quatre pièces d'or, sur cinq d'azur. (Arm. de Lorraine, de dom Pelletier).

DURAND DE DISTROFF, avocat, membre de la société d'Archéologie et d'Histoire de la Moselle, rue de l'Evêché, 28, à Metz. — D'or, à quatre pals de sable ; au chef danché de quatre pièces d'or, sur cinq d'azur. (Idem).

DURAND DE LANÇON, à Metz. — Ordonnance royale du 14 novembre 1818, autorisant M. Durand à ajouter à son nom patronymique celui de Lançon. Les mêmes armes que les précédentes.

E

ELMINGER, propriétaire à Guentrange, près de Thionville. — D'azur, à un casque d'or, taré de front, traversé par derrière d'une plume à écrire d'argent, posée en barre, et accompagné aux premier et quatrième cantons de deux étoiles d'argent. (Armorial de 1696, Thionville ; art. 41).

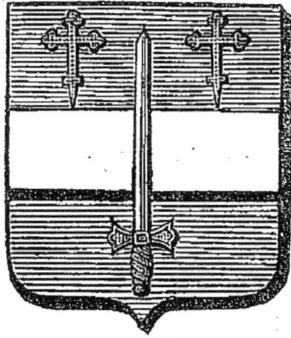

ESPÉE (baron de L'), rue Nexirue, 9, hôtel de Gargan, à Metz. — D'azur, à la fasce d'argent, accompagnée en chef deux croix recroisetées et fichées d'or ; à l'épée antique d'argent, garnie d'or, brochant en pal sur le tout, la pointe haute.

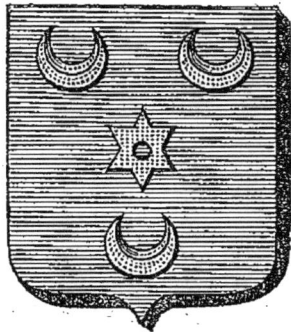

ESPIVENT DE LA VILLESBOISNET, rue Nexirue, 9, hôtel de Gargan, à Metz, et au château de Bettange, près de Thionville. Originaires de Bretagne. Famille de Mme la baronne de Gargan. M. Arthur-Alexandre Espivent de la Villesboisnet a épousé à Metz, le 3 février 1869, Mlle Marie-Louise-Gabrielle Hennequin. — D'azur, à une molette d'éperon d'or, accompagnée de trois croissants du même, posés deux en chef et un en pointe. (*Armorial de Bretagne, etc.*).

ETHIS DE CORNY, à Metz. — M. Emmanuel-Victor-Aimé Ethis a été autorisé, par décret du 19 mars 1859, à ajouter à son nom patronymique celui *de Corny*. (Voyez, ci-après, *Marchal de Corny*).

F

FAULTRIER (de), avocat, ancien avocat-général, chevalier de la Légion-d'Honneur, rue Saint-Marcel, 17. — D'argent, au lion rampant de gueules, à la fasce de sable, brochant sur le tout, chargée d'une étoile d'or, posée à sénestre ; à la bordure de l'écu componnée d'argent et de gueules.

FISCHER DE DICOURT, à Metz, à Hayange et au château de Boncourt. Originaires du Wurtemberg. — D'or, à trois bars d'azur entrelacés, la tête sur la queue, en delta.

FLORENNE (de), maire d'Argancy, par Vigy.

FRANCHESSIN (de), propriétaire à Talange, par Maizières-lès-Metz. — D'azur, à cinq têtes de barbet d'argent, posées trois et deux.

G

GALHAU DE FRÉMESTROFF, Rempart-Saint-Thiébault, 6, à Metz. Originaires de Sarrelouis. — D'azur, à la devise alezée d'or, enroulée d'un filet danché, et accompagnée en chef d'une rose, accostée de deux molettes, et en pointe d'un croissant, le tout d'or. *(Biographie du Parlement de Metz ;* p. 284).

GALLOIS (de), au château de Créhange, par Faulquemont. — Parti de sable et d'argent, chargé de quatre roses, mises de l'un en l'autre. *(Biographie du Parlement de Metz ;* p. 186).

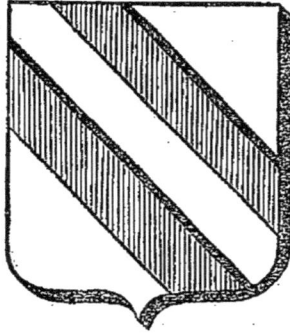

GARGAN DU CHASTEL (Théodore, baron de), ingénieur, membre du conseil général de la Moselle, de l'Académie de Metz, de la société d'Archéologie et d'Histoire de la Moselle, etc., chevalier de la Légion-d'Honneur, rue Nexirue, 9, et au château de Bettange, près de Thionville. Originaires d'Italie, de Picardie et d'Artois. — D'argent, à deux bandes de gueules. — *Supports :* deux lions rampants, la tête contournée. — *Couronne :* de marquis. — *Devise :* Ni tort, ni grâce !... *(Armorial officiel de 1696 ; Monographie de la seigneurie de Preisch ;* p. 92 ; etc.).

GARGAN DU CHASTEL (Charles de), membre du conseil général de la Moselle, de l'Académie de Metz, de la société d'Archéologie et d'Histoire de la Moselle, etc., rue Nexirue, 9, et au château de Preisch. M. Paul DE GARGAN DU CHASTEL, rue Nexirue, 9, à Metz. — *Armes :* les mêmes que celles ci-dessus.

GAUDEL (de), chef d'institution à Metz. — De sinople, à un chevron d'argent, accompagné de trois lions rampants du même, deux en chef et un en pointe. (Etat civil de Metz, année 1871).

GEIGER (baron), ancien député de la Moselle, sénateur, commandeur de la Légion-d'Honneur, membre du conseil général de la Moselle, maire de Sarreguemines, etc. — M. P. DE GEIGER, à Sarreguemines. Originaires de Bavière.

GEORGES DES AULNOIS, propriétaire, rue de l'Evêché, à Metz. (Etat civil de Metz, naissances de 1869, n° 194).

GEORGIN DE MARDIGNY, ingénieur en chef, chevalier de la Légion-d'Honneur et de l'ordre grand-ducal de la Couronne de Chêne des Pays-Bas. — D'argent, à l'écureuil grignotant de gueules, sur une terrasse de sinople ; en chef quatre larmes de gueules. *(Biographie du Parlement de Metz ; p. 194)*.

GÉRANDO (baron de l'Empire), procureur général impérial près la cour de Metz, officier de la Légion-d'Honneur, membre de l'Académie de Metz, etc. — Parti, au premier coupé, en chef d'azur, à la bande sénestrée d'une colombe et adextrée d'une sphère, le tout d'or ; et en pointe d'argent à cinq branches nouées de sinople ; au deuxième d'argent, à la fasce de sinople et à l'orle de gueules ; au franc-quartier échiqueté d'or et de gueules.

GÉRARD D'HANNONCELLES (baron), conseiller à la cour impériale de Metz, chevalier de l'ordre de la Légion-d'Honneur, etc., place Saint-Martin, 3. Originaires du comté de Liége. — D'argent, à la fasce de gueules, coupée d'un trait de sable, accompagnée en chef d'une aigle éployée de sable, allumée, becquée et membrée de gueules, et en pointe de deux lions affrontés d'azur, armés et lampassés de gueules ; le tout cantonné de quatre macles aussi de gueules.

GOULET DE RUGY (de), propriétaire, rue de Châtillon, 2, à Metz. — D'azur, à un lion d'or grimpant à une fontaine élevée d'argent, pour s'y désaltérer.

GOURCY (de), à Metz. Originaires du Luxembourg. — D'argent, à trois fasces de gueules, accompagnées de neuf mouchetures d'hermine de sable, posées quatre, trois et deux ; au chef de gueules, chargé de trois annelets d'or, mis en fasce. — Le nombre des mouchetures varie suivant les branches.

H

HALDAT DU LYS (de), à Metz. Originaires de Champagne. — D'azur, à une épée antique d'argent mise en pal, la pointe levée, garnie d'or, soutenant une couronne royale du même, et accostée de deux fleurs de lys d'or. *(Arm. de Lorraine,* de dom Pelletier).

HALLEZ-D'ARROS, rue des Parmentiers, 6, à Metz. — M. Hippolyte Hallez, juge, né à Hagueneau, en 1812, a été autorisé, par ordonnance royale, du 3 avril 1841, à ajouter à son nom patronymique celui *d'Arros.* — M. Philippe-Christophe Hallez avait été créé *baron de l'Empire* le 21 février 1814.

HAUSEN (d'), maire à Hombourg-Haut et au château de Hombourg-l'Evêque, par Saint-Avold. — D'azur, à une ancre d'argent, mise en pal, accostée de deux étoiles du même. *(Nobil. de Lorraine,* par dom Pelletier).

HAUSSEN (d'), au château de Volmunster, par Boulay. — D'azur, à trois serpettes d'argent, emmanchées d'or, posées deux et une.

HÉRICART DE THURY (Henri), de Paris, capitaine en 2e à l'état-major particulier d'artillerie, etc., chevalier de la Légion-d'Honneur. (Etat civil de Metz, mariages de 1870, no 814). — M. le vicomte Héricart de Thury, maître des requêtes, a été autorisé, par une ordonnance royale du 8 février 1815, à ajouter à ses noms celui *de Ferraud*.

HOLLANDE DE COLMY, à Metz. — D'azur, au chevron d'or, chargé en cime d'un écusson de gueules, à la croix à huit pointes d'argent ou croix de Malte, accompagnée en chef de deux étoiles d'argent et en pointe d'un croissant du même. *(Biographie du Parlement de Metz ; p. 228).*

HOLLEBON (de). — (Etat civil de Metz, en 1871).

HOLLOSY (d'). — (Etat civil de Metz, en 1869).

HORDAL DU LYS, en Lorraine. De la famille de Jeanne d'Arc. — D'azur, à une couronne royale d'or, soutenue en chef d'une épée d'argent, mise en pal, garnie d'or, accostée de deux fleurs de lys du même. *(Armorial de Lorraine ;* par dom Pelletier).

HORN (de), maire de Téting, par Faulquemont. Originaires du Verdunois. — D'azur, à une cigogne d'argent, tenant à son bec une guivre en pal.

HORNE (Gustave-François-Georges), de Téting, rue de l'Esplanade, à Metz.

HUART (d'), à Metz. — D'argent, à un rameau de cinq feuilles de houx de sinople, fruité de gueules, mis en pal, mouvant d'un brasier flamboyant de gueules.

HUART DE NOTHOMB (d'), à Longwy. Originaires de Flandre. — D'argent, à un houx de sinople, fruité de gueules, mouvant d'un brasier de cinq flammes de même.

HUNOLSTEIN (Voyez, ci-après : VOGT D'HUNOLSTEIN).

HUYN DE VERNÉVILLE, maire de Vernéville, près de Gorze. — Ecartelé aux 1er et 4e d'or, à trois faces ondées d'azur ; aux 2e et 3e de sable, à six billettes d'or, posées trois et trois ; au chef du même. *(Armorial de Lorraine,* par dom Pelletier).

J

JAUBERT (comte), à Metz. — D'azur, à une fasce d'argent, accompagnée en chef de trois fleurs de lys d'or, rangées en fasce, et en pointe de trois autres fleurs de lys du même, posées deux et une. (Archives de la Moselle; dénombrements).

JOANNIS (de), maire de Monterhausen, arrondissement de Sarreguemines.

JOBAL DE PAGNY, en l'hôtel de Jobal, place du Haut-Poirier, 12, à Metz. — D'azur, à un rocher d'argent sur lequel grimpent deux lions affrontés d'or, fixant une croisette du même en chef, accostée de deux étoiles d'argent. — Cimier : un lion naissant d'azur, tenant de la dextre une croisette d'or. (Nobil. de Lorraine, par dom Pelletier, et Hist. de la cathédrale de Metz, par Bégin; t. II, p. 122).

JOYBERT (de), au château de Flanville, par Courcelles-Chaussy. Originaires de Champagne. — D'argent, au chevron d'azur, accompagné de trois fleurs de gueules, feuillées et tigées de sinople ; en chef un croissant.

L

LACOMBE (de), capitaine d'artillerie, professeur de mécanique à l'école d'Application d'Artillerie, à Metz.

LACUÉE DE CRESSAC, au château d'Helfédange, par Faulquemont. Originaires de Languedoc. — De gueules, à l'autruche d'argent, prise par un lacet d'or, vers le milieu de la patte du même. (Etat présent de la Noblesse française; édit. de 1868; p. 916).

LADOUCETTE (Ch. de), baron de l'Empire, ancien député de la Moselle au Corps Législatif, président du conseil général du département, sénateur, etc., commandeur de la Légion-d'Honneur, etc. — Armes anciennes : D'or, à trois doucettes de sinople, posées deux et une. — Armes de l'Empire : Coupé d'azur et d'or, l'azur à la montagne d'or, senestrée d'un soleil, cantonnée du même; l'or, au coq chantant de sable, barbé, crêté et membré de gueules; à la champagne du tiers de l'écu, au signe de chevalier; franc-quartier de baron-préfet.

LAGROY DE CROUTTE DE SAINT-MARTIN, juge au tribunal civil, rue Chandellerue, 4, à Metz?

LALLEMANT DE LIOCOURT, en Lorraine. — M. François-Henri Lallemant a été autorisé, par ordonnance royale du 18 octobre 1845, à ajouter à son nom patronymique celui de Liocourt. — D'azur, à une fasce d'argent, accompagnée en chef de deux étoiles du même, et en pointe d'une hure de sanglier aussi d'argent. (Certificat officiel de d'Hozier, de 1760).

LAMBERTYE (de), à Conflans et à Cons-la-Grandville. Originaires du Périgord. — D'azur, à deux chevrons d'or.

LA MOTHE (de), ancien colonel d'artillerie, officier de la Légion-d'Honneur, membre de la société d'Histoire naturelle, rue de l'Evêché, 47, à Metz.

LANGENHAGEN (de), conseiller municipal à Sarreguemines, et à Metz. — Ecartelé : au 1er de gueules, à un vol . . . . . ; au 2e d'or, à la barre d'azur, chargée de deux étoiles d'argent; au 3e d'azur, à un feu de trois flammes . . . . . surmonté d'un croissant . . . . . ; au 4e de gueules, à un dextrochère armé d'une épée . . . . . Sur le tout d'azur, à deux étendards . . . . . passés en sautoir.

LardeMELLE (de), ancien officier, chevalier de la Légion-d'Honneur, etc., à Metz et au château de Puxe, par Conflans. — D'argent, à la fasce de gueules ; à la bordure de l'écu componnée d'argent et de gueules.

Larminat (de), lieutenant-colonel au 1er d'artillerie monté, officier de la Légion-d'Honneur, à Metz et à Thionville. — D'hermine plein ou d'argent, au semé de moucheture d'hermine de sable.

Lasalle (de), à Metz. Originaires du Lauragais, en Languedoc. — D'argent, à la bande d'azur, chargée de trois têtes arrachées de lion, tournées vers la dextre, d'or. *(Monographie de la seigneurie de Preisch; p. 93).*

Latouche (de), à Thionville. — D'argent, à une aigle éployée de gueules. *(Biographie du Parlement de Metz; p. 284).*

La Tournelle (de), rue du Grand-Cerf, 9, à Metz. Originaires de Bourgogne, Nivernais et Touraine. — De gueules, à trois tours crénelées d'or, posées deux et une.

La Vernette (Voyez : Bernard de La Vernette).

Leclerc de Landremont, caissier à la caisse d'épargne, à Metz.

Lydie de Thémines, rue de Clairveaux, à Metz et à Jussy, près de Metz. — Ecartelé : au 1er d'argent, au buisson ou oseraie de sinople ; au 2e de gueules, à deux chèvres passantes d'argent, l'une sur l'autre ; au 3e de gueules, au lion rampant d'argent, à huit besants du même mis en orle, qui est de *de Cardailhac ;* au 4e d'or, à trois fasces de sable ; au chef d'hermine, qui est de *de Clermont-Lodève.*

LE DUCHAT, officier supérieur d'état-major en retraite, chevalier de la Légion-d'Honneur, à Metz. — D'argent, à cinq fusées de gueules, accolées en fasce.

LEFEBVRE DE LADONCHAMPS, rue Chaplerue, 13, à Metz et au château de Ladonchamps. — D'or, au chevron de gueules, accompagné en chef de deux aiglettes, au vol éployé de sable, becquées et armées de gueules, et en pointe d'un arbre de sinople. — *Supports :* deux aigles. — *Devise : Valabunt et non deficient.*

LE JOINDRE, ancien inspecteur général des ponts et chaussées, député de la Moselle au Corps Législatif ; membre du conseil général du département et du conseil municipal de Metz, etc.; commandeur de la Légion-d'Honneur, etc. Originaires d'Alsace.

LE MERCIER-MOUSSEAUX, avocat, à Metz.

LEMUD (de), à Metz et à Lorry-devant-les-Ponts. — D'azur, à la fasce d'argent, chargée d'un croissant d'azur, accostée de deux croix pattées de gueules, accompagnée de trois abeilles d'or, posées deux en chef et une en pointe. (*Armorial de Lorraine,* par dom Pelletier. — *Biographie du Parlement de Metz ;* p. 89).

LE SECQ DE CRÉPY, membre du conseil général de la Moselle, maire de Boulay, suppléant du juge de paix du canton de Boulay, etc., membre de l'ordre de la Légion-d'Honneur. — D'azur, au sautoir ou croix de saint André d'or, chargé aux quatre extrémités d'une étoile et d'une cinquième en cœur, de gueules.

LESGUERN (Jules de) épousa, à Metz, le 2 septembre 1869, mademoiselle Anne de Turmel. Originaires de Bretagne. Fascé de vair et de gueules, de six pièces (*Arm. Univ.*).

LOMAS (de), directeur des douanes, à Metz, chevalier de la Légion-d'Honneur et de l'ordre de la Couronne de

Chêne des Pays-Bas; M. de Lomas, avocat, rue de la Garde, 4, à Metz.

LONDEIX (Joseph-Victor de), décédé, à Metz, en 1869. (Etat civil de Metz, décès de 1869).

M

MAILLEFERT, à Metz. — D'azur, à un chevron d'argent, accompagné en chef de deux quintefeuilles; et en pointe de deux annelets l'un en l'autre. (Voyez, *Nobil. de Lorraine*, de dom Pelletier).

MAILLIER (de), rue de l'Evêché, à Metz. — De sinople, à trois pals d'argent; au chef d'or plein. *(Biographie du Parlement de Metz; p. 341).*

MAIRESSE (de), à Metz et à Thionville. — D'azur, à la croix de gueules, bordée d'or, chargée en cœur d'un cygne d'argent, becqué et membré de gueules, cantonnée en chef de deux fleurs de lys d'or, et en pointe de deux étoiles d'argent. *(Arm. de Lorraine,* par dom Pelletier).

MALHERBE DE MARAIMBOIS, à Metz. — D'azur, à un pommier d'or; au chef d'or, chargé de deux étoiles de gueules (Bibliothèque de Metz). M. Malherbe a été autorisé, par décret du 13 mai 1865, à ajouter à son nom patronymique celui de *de Maraimbois.*

MANDELL (baron de), à Métz et au château de Mercy. — Ecartelé d'azur et de gueules, à une fasce d'argent, chargée de trois molettes de sable, brochant sur le tout.

MARCHAL DE CORNY, à Metz et au château de Corny-sur-Moselle. — D'azur, à la fasce d'or, accompagnée de trois croix ancrées d'argent, posées deux en chef et une en pointe. *(Biographie du Parlement de Metz; p. 348).* MM. Marchal ont été autorisés, par décret impérial du 19 mars 1859, à ajouter à leur nom patronymique celui de *de Corny ?)*

MARCHANT, *baron de l'Empire,* ancien maire de Metz. — Ecartelé, au 1er parti d'argent et de sable, qui est *de Metz* (ville); au 2e de gueules, à une muraille crénelée d'argent et maçonnée de sable, en champagne; au 3e de gueules, au lion d'or rampant, armé d'une épée d'azur, montée d'or; au 4e d'azur, à une massue de sinople, tortillée d'une guivre d'argent, surmontée d'une étoile du même.

MARDIGNY. (Voyez : GEORGIN DE MARDIGNY).

MARIN DES BOUILLIÈRES (Ch. de), ancien officier d'état-major, place Saint-Martin, 2, à Metz. Originaires de la Vendée (Poitou). — De gueules, au lion rampant d'argent, armé et lampassé de sable. — *Supports :* Deux griffons.

MARIN DES BOUILLIÈRES (Paul de), fils du précédent, rue des Parmentiers, 4, à Metz et au château de Blettange. (Idem pour tout).

Marly de Bernage (Victor), né à Metz, le 8 mars 1816, a été autorisé, par décret impérial du 23 juillet 1861, à ajouter à son nom patronymique celui de *de Bernage*.

Mathieu de Vienne, conseiller honoraire à la cour impériale de Metz?

Maud'hui (de), à Faulquemont (Moselle). — D'azur, au chevron d'or, accompagné en chef de deux étoiles, et en pointe d'un chien courant d'argent, colleté d'or. *(Biographie du Parlement de Metz; p. 290).*

Mecquenem (de), colonel directeur d'artillerie, à Metz, membre de la société d'Archéologie et d'Histoire de la Moselle; M. de Mecquenem, conservateur des forêts, à Metz, chevalier de la Légion-d'Honneur. Originaires de Champagne. — D'azur, à deux sceptres fleurdelysés d'or, passés en sautoir.

Mennessier de la Lance, à Metz. M. Gabriel-René Mennessier, sous-lieutenant, né à Metz, en 1835, a été autorisé, par décret impérial du 12 août 1857, à ajouter à son nom patronymique celui de *La Lance*. — D'azur, à la fasce d'argent, accompagnée en chef d'un soleil rayonnant d'or, et en pointe d'un lys de jardin d'argent, accosté de deux étoiles du même.

Mennessier de Nodier, à Metz. — Ordonnance royale du 11 septembre 1844, autorisant M. Ferdinand-Jules Mennessier, né à Nancy, en 1802, d'ajouter à son nom patronymique celui *de Nodier*. — Idem.

Miscault (de), capitaine d'artillerie. (Etat civil de Metz, naissances de 1869).

Montbel (Voyez: Thomassin de Montbel).

Montigny (de), à l'école d'Application d'artillerie et du génie, à Metz. — D'azur, à la bande d'or, chargée de trois étoiles de gueules, accompagnée de trois croissants d'or, posés deux en chef et un en pointe. (Etat civil de Metz; mariages de 1870, n° 164).

Montozon (de), conseiller de préfecture de la Moselle, à Metz.

Mouzon (de), conseiller municipal à Briey, et à Tragny.

Originaires des Ardennes. — De gueules, à un chevron brisé d'argent, chargé sur chaque montant d'un lion contre-rampant et rampant ou affrontés d'azur, accompagné de trois besants d'or, deux en chef et un en pointe. *(Anoblis tant du duché de Lorraine et de celui de Bar, par le duc René, etc. Liége, 1753; 1 vol. in-12, p. 81).*

N

NEUNHEUSER (de), à Thionville. Originaires du Luxembourg. — D'azur, à deux tiges fleurangées de chardon au naturel, passées en sautoir, et à une étoile d'argent en chef. (Arm. de 1696; Luxembourg; art. 48 et 79).

NONNANCOURT (de) à Hombourg, Thionville, Metz, etc. Originaires du Luxembourg. — D'azur, à trois coqs d'argent, crêtés et barbés de gueules, posés deux et un. (Arm. de 1696; Luxembourg; art. 200 et 205).

O

OLLONE (d'), capitaine de cavalerie, membre de la société d'Archéologie et d'Histoire de la Moselle, chevalier de la Légion-d'Honneur, rue Mazelle, 37, à Metz. —

D'azur, au lion rampant d'or, la queue fourchée, nouée et passée en sautoir ; à la fasce élevée d'argent, surmontée de trois étoiles d'or. — *(Armorial Toulousain)*.

OTREPPE DE BOUVETTE (d'), à Metz. Originaires du comté de Namur.

P

PESCATORE, en l'hôtel de Gargan, rue Nexirue, 9, à Metz, et au château de Preisch. Originaires de Lombardie et du Luxembourg. — Tiercé en fasce, au premier d'argent, à l'aigle éployée de sable, fixant à dextre ; au deuxième d'azur, à trois étoiles d'or rangées en fasce ; au troisième ondé d'argent et de sinople, au bar d'azur émaillé d'or, entrant dans un *ret* (filet) de naturel posé en pointe et mouvant du bord dextre de l'écu. *(Monographie de la seigneurie de Preisch; p. 96)*.

PETITPAS DE LA VASSELAIS, directeur des transmissions des lignes télégraphiques du département de la Moselle, à Metz, place de Chambre, 7. Originaires d'Artois. — De sable, à trois fasces d'argent. (Etat civil de Metz, naissances de 1869).

PIDANCET, président honoraire à la cour impériale de Metz, chevalier de la Légion-d'Honneur ; et M. Pidancet, conseiller à la même cour, à Metz, à Novéant et à Montoy.
— D'argent, à trois hures de sangliers de sable, posées en fasce, deux en chef et une en pointe. Ou d'or, au lion

rampant de sable; au chef de gueules, chargé de trois molettes d'argent?

PUYMAIGRE. (Voyez : *comte* BOUDET DE PUYMAIGRE).

PYROT DE CRÉPY, à Metz, place Saint-Martin, 3. — D'azur, à trois comètes d'or, posées en bande, deux en chef et une en pointe.

R

RAIGECOURT (de), à Metz. — D'or, à la tour crénelée de sable, ouverte et ajourée du champ, maçonnée d'argent.

REDON (de), rue Saint-Marcel, 38, à Metz, et au château de Moncel, par Conflans-en-Jarnisy. Originaires de Languedoc? — D'azur, à deux tours crénelées d'argent, rangées en fasce ou accostées. *(Etat présent de la Noblesse française; 1868; p. 1330).*

RÉSIMONT (de), docteur en médecine, rue des Prisons-Militaires, 1, à Metz. — D'or, à un arbre terrassé de sinople, soutenu à sénestre d'un cerf de naturel rampant contre le fût.

RICHARD D'ABONCOURT (de), à Metz et à Préville, près de Moulins-lès-Metz. — D'argent, à un alérion d'azur.

RICHARD D'IVRY (Raphaël de) lieutenant au 85e d'infanterie. Originaires de Bourgogne. (Etat civil de Metz, mariages de 1870, n° 269).

ROBERT (DÈS), avocat, membre de la société d'Archéologie et d'Histoire de la Moselle, à Metz. — D'azur, à la fasce d'argent écimant un chevron d'or, accompagnée en chef de deux étoiles de sinople, et le chevron de trois soucis de naturel, mis deux en chef et un en pointe.

ROBINET DE CLÉRY, major au 2e régiment du génie, officier de la Légion-d'Honneur; etc., place de Chambre, 15, à Metz. — D'azur, au chevron d'or, à une rose tigée et feuillée d'argent; au chef cousu de gueules, chargé de trois étoiles d'argent. *(Biographie du Parlement de Metz; p. 393).*

ROGET DE BELLOGUET, juge de paix du canton de Saint-Avold.

ROUSSEAU, *baron de l'Empire,* à Metz. — Coupé, en chef parti, au 1er d'azur, à un tronc d'olivier d'or, terrassé du même, à une branche à sénestre, sur laquelle est perché un coq contourné, la tête à dextre, barbé, crêté de gueules, et à laquelle est suspendu un sabre, en bande, monté d'or, dans son fourreau de sable, garni d'or; au canton senestre des barons tirés de l'armée; et en pointe d'argent, au vaisseau voguant sur une mer d'azur, senestré d'un rocher de sable, sommé d'une tour crénelée de même, ajourée et maçonnée de gueules.

ROY DE PIERREFITTE, avocat général près la cour de Metz, etc. — D'azur, à trois étoiles d'argent, posées deux en chef et une en pointe.

SAILLY (de), chef d'escadron d'artillerie, à l'école d'Application de Metz, membre de la société d'Archéologie et d'Histoire de la Moselle, officier de la Légion-d'Honneur. Originaires d'Artois. — D'argent, au lion rampant de gueules, armé, lampassé et couronné d'azur.

SAINTIGNON (de), à Guentrange, près de Thionville. M. DE SAINTIGNON, garde général des forêts, à Longuyon

(Moselle). Originaires du Verdunois. — De gueules, à trois tours crénelées d'or, maçonnées de sable, posées deux en chef et une en pointe.

SAINT-MARTIN (de), conducteur principal des ponts et chaussées, membre de l'Académie de Metz, etc., chevalier de la Légion-d'Honneur. Décédé à Saint-Nicolas-du-Port, en 1872.

SALIS (baron de), ancien officier d'artillerie française, représentant du peuple à l'Assemblée Nationale, de 1849 à 1851 ; membre de l'Académie de Metz, de la société d'Archéologie et d'Histoire de la Moselle, etc., rue du Rempart-Saint-Thiébault, 6. Originaires de la Suisse. — Coupé, en chef d'or, à un saule terrassé de sinople ; et en pointe palé de gueules et d'argent de six pièces. — *Couronne* de baron.

SCHARFF, propriétaires, à Thionville. — D'argent, au chef de gueules, chargé d'un besant d'argent. (Armorial de 1696 ; Thionville ; art. 71).

SCHMITT, *baron de l'Empire,* maire de Sarralbe.

SÈCHEHAYE, conseiller à la cour impériale de Metz, etc., à Metz et à Ancy-sur-Moselle. — D'azur, à une fasce d'argent, chargée d'une haie sèche, accompagnée en chef d'un bélier passant d'or, et en pointe d'un sanglier contre-passant d'argent. — Dans l'Armorial de 1696, on a enregistré d'office et à tort les armes suivantes : D'or, à la bande de gueules, chargée d'un cœur d'or. Armes qui n'ont jamais été celles des Sèchehaye. *(Biographie du Parlement de Metz;* p. 466).

SERRES (N..... de), sous-préfet de Thionville, chevalier de la Légion-d'Honneur,

SERS (baron), membre du conseil général de la Moselle, maire de Courcelles-Chaussy, au château d'Urville. — D'azur, au navire d'or, mâté de sable et voilé d'argent; ondé de sinople; le navire chargé d'un tonneau, d'une caisse et d'un ballot de sable. *(Etat présent de la Noblesse française;* 1868; p. 1488).

SOLEIROL (de), maire de Colmey, canton de Longuyon?

SOUICH (Paul du), sous-lieutenant d'artillerie à l'école d'Application de Metz, membre de la société d'Archéologie et d'Histoire de la Moselle. Originaires de Picardie. — D'argent, à trois alérions de gueules; écartelé d'or, à deux bandes de gueules.

T

TARDIF DE MOIDREY, à Metz. Originaires de Normandie. — D'azur, à la croix d'or, cantonnée en chef de deux roses d'argent et en pointe de deux coquilles du même. *(Biographie du Parlement de Metz,* p. 197).

TARDIF D'HANNONVILLE, à Metz. Originaires de Normandie. — D'or, à trois palmes de sinople, posées en pal, deux et une; écartelé d'azur, au lion rampant d'or, à une fasce d'argent, brochante sur le tout. — *Devise: Tardif, haste-toi !...*

THOMAS, *marquis de Pange,* propriétaire, à Metz et à Pange. Originaires de Languedoc? — D'argent, au chevron d'azur, chargé à dextre d'une épée d'or et à sénestre d'un roseau feuillé aussi d'or, accompagné de trois étoiles de gueules, posées deux en chef et une en pointe. *(Armorial de Lorraine,* par dom Pelletier; *Histoire de la cathédrale de Metz,* par Bégin; t. II, p. 125). Ces armoiries, avec quelques brisures, sont devenues celles du marquisat de Pange.

THOMASSSIN DE MONTBEL, à Metz. M. Paul-Emile-Antoine Thomassin, né à Marville, le 14 mai 1832, a été autorisé, par décret impérial du 8 octobre 1866, à ajouter à son nom patronymique celui de *de Montbel ?* — D'azur, à une croix écotée et alezée d'or.

TINSEAU (de), aumônier du Sacré-Cœur, chanoine honoraire, à Metz ; M. de Tinseau, avocat, à Metz, etc. — Originaires de la Franche-Comté. — De gueules, au dextrochère d'or, mouvant du flanc sénestre de l'écu, tenant un rameau de trois branches de saule d'or. *(Armes parlantes : Tient saule).* — *Devise : Humilia terre !...*

T'SCHUDY DE GLARIS, propriétaires, rue des Parmentiers, 4, à Metz. Originaires de la Suisse. — D'or, à un sapin de sinople, chargé de neuf pommes de pin de gueules ; écartelé d'or, à un chamois contourné de naturel.

TRICORNOT (de), au château de Colombey, par Courcelles.

TURGIS (de), à Metz. Originaires de Normandie. — D'azur, à la croix engrelée d'or, cantonnée de douze étoiles d'argent, posées deux et une dans chaque canton.

TURGY (baron de), conseiller d'arrondissement pour le canton de Verny. — D'azur, à une tour d'argent, ouverte, ajourée et maçonnée de sable, sommée d'un lys de jardin d'argent, et accostée à sénestre d'un chien couchant du même, la tête brochante sur la partie inférieure de la tour ; le tout sur une terrasse de sinople.

TURLURE DE VELLECOUR, ancien propriétaire de Blettange, à Metz. Originaires de Paris. — D'azur, au chevron d'argent, accompagné en chef de deux canettes et en pointe d'une quintefeuille, le tout d'argent ; au chef d'argent, chargé d'une aigle éployée de gueules.

TURMEL (de), conseiller à la cour impériale de Metz. — D'azur, à la tour crénelée d'argent, accostée et surmontée de deux épées antiques du même, posées en chevron, et en chef trois abeilles d'or, rangées en fasce.

V

VAN DEN BROECK, à Thionville et à Chastel-Saint-Germain, près de Moulins-lès-Metz. Originaires des Pays-Bas. — D'or, à la fasce bretessée et contre-bretessée de sable, accompagnée en chef d'un fer de fallot de même, accosté de deux gerbes de sinople portant des fleurs de naturel ; et en pointe de trois abeilles de naturel rangées en fasce. (*Monographie de la seigneurie de Preisch ;* p. 99).

VAN DEN DRIES, rue de Heaume, 3 et 5, à Metz. Originaires d'Artois.

VAN DER NOOT, à Metz. Originaires des Pays-Bas. — D'azur, à cinq coquilles d'   mises en croix ; écartelé d'azur, à trois fleurs de lys d'argent, posées deux et une

VANDERSTRATEN, actuellement dit Van der Straten-Ponthos, *comte belge.* — M. François-Marie Vanderstraten, né au hameau de Ponthos, commune de Clavier (Liége), le 15 février 1816 (année de l'anoblissement de cette famille, originaire du Luxembourg, pour son admission à l'ordre Equestre, par Guillaume Ier, roi des Pays-Bas. Création du titre de *comte belge,* en 1840 ; ce titre fut déclaré transmissible *à tous les fils,* par ordonnance royale du 17 mars 1847...). Membre de l'académie impériale et de la société d'Archéologie et d'Histoire de la Moselle. — Fascé d'azur et d'argent de huit pièces ; au chef d'or, chargé de trois pattes d'oiseau de sable, arrachées de gueules (sans enregistrement connu)?

VASSART (de), ancien colonel d'artillerie, officier de la Légion-d'Honneur, membre du conseil général de la Moselle, propriétaire à Cattenom, etc. — De gueules, au chevron d'or, accompagné de trois fleurs de lys d'argent, posées deux en chef et une en pointe.

VASSOIGNE (de), à Metz et au château de Boncourt (Lorraine). — De sable, au lion rampant, armé, lampassé et couronné d'argent, accompagné de trois souches d'arbres du même, posées deux en flancs et une en pointe. On les trouve également d'or, aux pièces de sable.

VAULX D'ACHY (de), ancien juge de paix, ancien magistrat de l'Empire, etc., au château de Remsing, par Forbach. Originaires du Luxembourg. — D'or, à deux bars (ou barbeaux) adossés de gueules, mis en fasce, l'un sur l'autre. On les trouve aussi *posés en pal et adossés,* sans doute par brisure. *(Armorial de 1696,* Luxembourg; art. 260, *Devaux).*

VERPY (de), à Metz. — D'azur, à onze étoiles d'or, rangées neuf en orle et deux accolées en abîme ; à une épée antique d'argent, garnie d'or, posée en pal entre les deux étoiles, la pointe en bas.

VIANSSON, membre du conseil d'arrondissement de Metz, maire de Plappeville, chevalier de la Légion-d'Honneur. — Coupé, en chef d'azur, à trois étoiles d'or, posées une et deux ; et en pointe, parti à un dextrochère tenant un rameau de trois branches ; au deuxième d'argent, à une tour de sable.

VIVILLE (de), capitaine au 1er chasseurs à pied, chevalier de la Légion-d'Honneur, à Metz. — D'azur, à une bonne-foi de carnation tenant un bouquet de lys de jardin d'argent. (Etat civil de Metz, naissances de 1870).

VOGT D'HUNOLSTEIN, *comte d'Hunolstein*, propriétaire, au château de Hombourg-Saint-Kanier. — D'argent, à deux fasces de gueules, accompagnées de douze billettes de même, posées couchées cinq, quatre et trois.

WAREL DE BEAUVOIR, à Thionville. — D'azur, à un chevron d'or, accompagné de trois étoiles d'argent rangées en fasce en chef, et d'un lion rampant d'or en pointe.

W

WALHAUSEN (de), conseiller honoraire de préfecture, chevalier de la Légion-d'Honneur, à Metz.

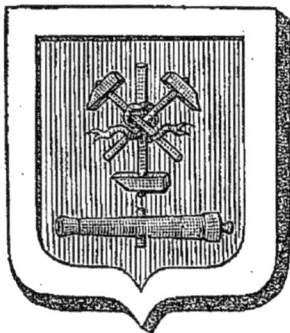

WENDEL D'HAYANGE (Ch. de), propriétaire de forges, à Hayange, membre du conseil général de la Moselle, pour le canton de Thionville, etc., chevalier de la Légion-d'Honneur ; MM. de Wendel d'Hayange, à Hayange, etc. — De gueules, à deux marteaux (martinets) emmanchés d'or, la tête vers le chef, passés en sautoir, et un du même, mis en pal, la tête vers la pointe de l'écu (*Armorial de Lorraine,* par dom Pelletier ; p. 831). Ces armoiries sont devenues les armes d'Hayange et de Styring-Wendel.

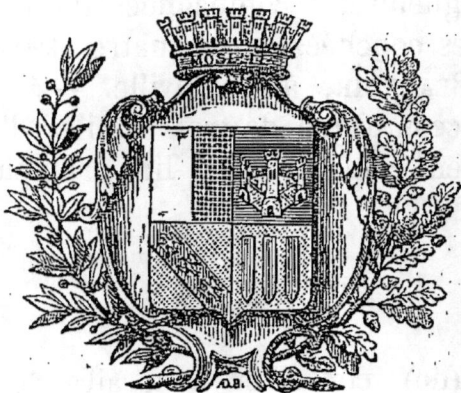

ARMORIAL

DES VILLES, BOURGS, VILLAGES ET ANCIENNES SEIGNÉURIES
COMPRIS DANS LE DÉPARTEMENT DE LA MOSELLE.

ALLAMONT, canton de Conflans, arrondissement de Briey. — De gueules, au croissant d'argent; au chef du même, chargé d'un lambel de trois pendants d'azur (Husson, l'Ecossais).

AVILLERS, canton d'Audun-le-Roman, arrondissement de Briey. — De sable, à la croix d'or, accompagnée au premier canton d'une fleur de lys du même (Husson, l'Ecossais).

BETTANGE, terre féodale, située en la paroisse de Florange, près de Thionville. — De sable, au lion rampant d'argent, lampassé d'or (Titres anciens).

BITCHE, ancien comté, chef-lieu de canton de l'arrondissement de Sarreguemines. — D'argent, à un macle gringolé de deux guivres, celle en chef la tête et le dard vers la dextre ; celle de la pointe se relevant vers le canton sénestre ; le tout de sable (C. Lapaix). V. p. 48.

BONCOURT, canton de Conflans, arrondissement de Briey. — De gueules, à trois fasces d'or, surmontées d'un lambel de trois pendants du même (Husson, l'Ecossais).

BOULANGE, canton d'Audun-le-Roman, arrondissement de Briey. — Palé d'or et d'azur de six pièces.

BOULAY, chef-lieu de canton de l'arrondissement de Metz. — Coupé, en chef d'or, à la bande de gueules, chargée de trois alérions d'argent, qui est de *Lorraine ;* et en pointe d'or, à la croix ancrée de gueules, qui est de *Boulay.*

BOUZONVILLE, canton de Conflans-en-Jarnisy, arrondissement de Briey. — D'or, à une fasce de gueules, chargée d'un renard passant d'argent ; en chef une croisette de gueules, *pour la ville :* — au chef de *Lorraine ;* d'or, à la bande de gueules, chargées de trois alérions d'argent, *pour le bailliage.*

BRIEY, chef-lieu d'arrondissement de la Moselle. — D'or, à trois pals alezés et fichés de gueules. (V. p. 39).

CATTENOM, chef-lieu de canton de l'arrondissement de Thionville. — Coupé d'argent et de sable, à l'escarboucle de huit rais pommetées et fleurdelysées de l'un en l'autre *alias* d'or.

CHAMBLEY, canton de Gorze, arrondissement de Metz. — D'azur, à la croix d'argent, cantonnée de quatre fleurs de lys d'or.

CHAPITRE ET DIOCÈSE DE METZ. — De gueules, au dextrochère, vêtu d'argent, mouvant du flanc sénestre de l'écu, tenant un glaive levé d'argent, garni d'or (le glaive de saint Paul) ; accosté de deux cailloux d'or (du martyre de saint Etienne). Ce sont aussi les armes de la cathédrale de Metz.

COLMEY, canton de Longuyon, arrondissement de Briey, érigé en *comté,* sous le nom de *Mardigny,* le 8 juin 1727.

CONFLANS-EN-JARNISY, chef-lieu de canton de l'arrondissement de Briey. — De sinople, au chevron ondé et renversé d'argent; en chef un mont sommé d'un château fort ruiné d'or.

CONS-LA-GRANVILLE, canton de Longuyon, arrondissement de Briey, érigé en *marquisat,* le 3 janvier 1719, en faveur de Nicolas-François-Constant de Lambertye. — D'argent, à un rosier arraché, feuillé et tigé de sinople, de cinq branches fleuries de gueules, une, deux et deux.

CRÉHANGE, canton de Faulquemont, arrondissement de Metz. — Ecartelé, aux premier et quatrième d'argent, à la fasce de gueules, qui est de *Créhange ;* aux deuxième et troisième de gueules, à la croix ancrée d'or, qui est de *Puttelange.*

DALEM, canton de Bouzonville, arrondissement de Briey. — D'argent, à la bande vivrée d'azur.

DISTROFF, canton de Metzerwisse, arrondissement de Thionville. — De gueules plein; au chef d'argent, chargé de trois losanges de sable, posés en fasce.

FAILLY, canton de Vigy, arrondissement de Metz. — D'argent, à un rameau de trois feuilles de gueules, accosté de deux merlettes affrontées de sable vers la pointe de l'écu (Husson, l'Ecossais).

FAULQUEMONT, ancien *marquisat,* chef-lieu de canton de l'arrondissement de Metz. — D'or, à la croix de gueules; au franc-quartier d'argent, chargé d'un lion rampant de sable, armé, lampassé et couronné de gueules (Cayon).

FLÉVILLE, canton de Conflans, arrondissement de Briey. — Vairé d'or et d'azur.

FLORANGE, canton et arrondissement de Thionville. — De gueules, au lion rampant d'or ; à la bordure de l'écu engrelée d'argent (Husson, l'Ecossais).

FONTOY, canton d'Audun-le-Roman, arrondissement de

Briey. — D'or, à l'aigle éployée de sable, fixant à dextre; surmontée d'un lambel de quatre pendants d'azur.

FORBACH, chef-lieu de canton, arrondissement de Sarreguemines. — D'argent, à un lion rampant de sable, armé et lampassé de gueules.

FREISTROFF, canton de Bouzonville, arrondissement de Thionville. — D'or, à la bande de gueules, chargée de trois alérions d'argent, qui est de *Lorraine*. Il doit exister une brisure?

GORZE, chef-lieu de canton de l'arrondissement de Metz. — D'azur, un saint Gorgon d'or, armé de toutes pièces, tenant en arrêt sa lance guidonnée d'argent, à cheval sur un destrier passant sur une terrasse; le tout alezé d'or. C'est aussi le blason de l'ancienne abbaye de Gorze.

HAYANGE et STYRING-WENDEL, canton et arrondissement de Thionville. — De gueules, à deux martinets ou marteaux emmanchés d'or, le marteau vers le chef, passés en sautoir, un troisième du même, mis en pal, le marteau vers la pointe, liés d'azur; et un canon aussi d'or, mis en fasce vers la pointe de l'écu, la bouche à dextre; à la bordure de l'écu d'argent. — Cette communauté a adopté les armes de la maison de Wendel (Cayon, etc.).

HETTANGE, canton de Metzerwisse, arrondissement de Thionville. — D'azur, à une force de tondeur d'argent, accompagnée de trois roses du même (Cayon).

HOMBOURG-L'EVÊQUE, canton de Saint-Avold, arrondissement de Sarreguemines. — De gueules, à la crosse épiscopale d'or, accostée de deux alérions d'argent.

LA GRANGE, canton de Cattenom, arrondissement de Thionville. — D'azur, au lion rampant d'or.

LONGEVILLE-LÈS-SAINT-AVOLD, canton de Faulquemont, arrondissement de Metz. — De gueules, à trois glands de chêne d'argent, posés deux en chef et un en pointe, la tige en bas.

LONGUYON, chef-lieu de canton de l'arrondissement de Briey. — D'azur, à deux bars adossés en pal d'or, accompagnés en chef et en pointe de deux croix tréflées et fichées d'argent ; et de deux croix de Lorraine du même en flancs.

LONGWY, chef-lieu de canton de l'arrondissement de Briey. — D'azur, à deux bars adossés en pal d'or, accompagnés de quatre croix tréflées et fichées d'argent, posées une en chef, deux en flancs et une en pointe.

LORRAINE, ancienne province de France, dont dépendait une partie du département de la Moselle, depuis 1659. — D'azur, à la bande de gueules, chargée de trois alérions d'argent, posés en bande. — La maison souveraine des ducs de Lorraine portait dans son écu huit quartiers, savoir : 1º de Hongrie ; 2º des Deux-Siciles ; 3º de Jérusalem ; 4º d'Aragon ; 5º d'Anjou ; 6º de Gueldres ; 7º de Juliers ; 8º de Bar ; sur le tout de Lorraine, comme ci-dessus (Voyez : au titre le second blason).

LUTTANGE, canton de Metzerwisse, arrondissement de Thionville. — D'argent, à l'aigle éployée d'azur, sans bec ni membres ou alérion.

LUXEMBOURG, comté, duché et province dont dépendait, avant 1659, la majeure partie de l'arrondissement de Thionville, ayant eu ses comtes et ses ducs souverains. — Burelé ou fascé d'argent et d'azur, de dix pièces, au lion rampant de gueules, armé, lampassé et couronné d'or, la queue nouée, fourchée et passée en sautoir, brochant sur le tout (Voyez, ci-après, p. 47).

MALAVILLERS, canton d'Audun-le-Roman, arrondissement de Briey. — De pourpre, à la croix ancrée d'argent, accompagnée de quatre besants du même, deux en chef et deux en pointe, et chargée en cœur d'une rose de pourpre.

MANTEVILLE, canton de Longuyon, arrondissement de Briey. — D'or, à la tour de gueules, maçonnée de sable.

MARS-LA-TOUR, canton de Gorze, arrondissement de Metz. — D'argent, à la tour crénelée, surmontée de trois tourelles aussi crénelées de trois pièces de sable, ouverte et ajourée du champ, maçonnée d'argent.

MARTIGNY, ancienne baronnie (voyez ci-devant : *Colmey*).

MERCY-LE-HAUT, canton d'Audun-le-Roman, arrondissement de Briey. — D'or, à la croix d'azur.

MESSIN (PAYS et) RÉPUBLIQUE MESSINE, dont la ville de Metz était la capitale. — Parti d'argent et de sable ; l'écu mis en cœur sur une aigle à deux têtes, languées de naturel, sans couronnes ni attributs de la souveraineté. Emblêmes des pays libres (Anciens sceaux, vieilles monnaies, etc.).

METZ (ville de), ancienne capitale de la république Messine, chef-lieu de la province des Trois-Evêchés et plus tard du département de la Moselle. — Parti d'argent et de sable, l'écu surmonté d'un buste de carnation de jeune fille ou *pucelle*, couronnée de remparts et de tours crénelés, tenant élevée de la dextre une fleur de lys d'or, et de la sénestre une palme de victoire de sinople. — L'Empire a modifié ces armes, pour les déshonorer (1).

MORHANGE, canton de Grostenquin, arrondissement de Sarreguemines. — D'azur, à un monde croiseté d'or, cerclé et cintré de sable (Cayon, Lapaix, etc.).

MOSELLE (département de la). — Ecartelé : au 1er de Metz (ville) ; au 2e de Thionville ; au 3e de Briey ; au 4e de Sarreguemines (Armoiries de convention ; voyez, ci-devant, p. 39).

NORROY-LE-SEC, canton de Conflans, arrondissement de Briey. — Coupé : en chef d'or, à la bande de gueules, chargée de trois alérions d'argent, posés en bande, qui est de *Lorraine ;* et en pointe d'argent, au noyer arraché et effeuillé de naturel.

NORROY-LE-VENEUR, canton et arrondissement de Metz. — De gueules, à six lionceaux affrontés d'or ? (Cayon).

PANGE, érigé en *marquisat,* le 6 juillet 1766, chef-lieu de canton de l'arrondissement de Metz. — D'argent, au chevron d'azur, chargé à dextre d'une épée antique d'argent, garnie d'or, la pointe haute, et à sénestre d'un

_____

(1) Nous préparons un travail historique et héraldique sur les armoiries de la ville de Metz. — Voyez : au titre et à la page 39.

roseau fleuri et feuillé d'or, et accompagné de trois étoiles de gueules, posées deux en chef et une en pointe (Armoiries du marquisat).

PIERREPONT, canton de Longuyon, arrondissement de Briey. — Palé d'or et d'azur, de six pièces.

PREISCH, ancienne terre féodale, commune de Rentgen, canton de Cattenom, arrondissement de Thionville. — De sable, au griffon ailé rampant et couronné de margrave d'or *(Monographie de la seigneurie de Preisch; p. 89, 96 et 97)*.

PUTTELANGE, canton de Sarralbe, arrondissement de Sarreguemines. — D'or, à trois pals de gueules.

PUTTELANGE-LÈS-RODEMACK, canton de Cattenom, arrondissement de Thionville. — Fascé d'argent et d'azur, de six pièces, chargé en cœur d'un écusson de gueules, à trois chevrons d'argent.

RAVILLE, canton de Pange, arrondissement de Metz. — De gueules, à trois chevrons d'argent, qui est de *Raville;* écartelé de gueules, à la croix ancrée d'argent, qui est de *Septfontaine.*

RETTEL, canton de Sierck, arrondissement de Thionville. — D'argent, à un saint Sixte de carnation, vêtu de gueules et d'azur; accosté de deux S majuscules de gueules (Ce sont aussi les armes de l'abbaye de Rettel).

RODEMACK, canton de Cattenom, arrondissement de Thionville. — Fascé d'or et d'azur, de six pièces.

Roussy, érigé en comté en 1367, canton de Cattenom, arrondissement de Thionville. — D'argent, au lion rampant de gueules, armé, lampassé et couronné d'or; la queue nouée, fourchée et passée en sautoir, qui est de *Luxembourg ancien*.

Saint-Avold, chef-lieu de canton de l'arrondissement de Sarreguemines. — Les huit quartiers et sur le tout de la maison souveraine des ducs de Lorraine, à savoir : 1º de Hongrie ; 2º des Deux-Siciles ; 3º de Jérusalem ; 4º d'Aragon; 5º d'Anjou ; 6º de Gueldres ; 7º de Juliers ; 8º de Bar ; sur le tout de Lorraine.

Sancy, canton d'Audun-le-Roman, arrondissement de Briey. — Coupé en chef d'azur, à un saint Georges d'argent, armé de pied en cap, terrassant de sa lance un dragon du même ; le tout posé sur une terrasse de sinople ; et en pointe aussi d'azur, à une étoile, à six rais d'or, à une bande de gueules, chargés de trois lions léopardés d'argent, brochant sur le tout.

Sarralbe, chef-lieu de canton de l'arrondissement de Sarreguemines. — D'argent, au sautoir ondé d'azur, cantonnée de quatre croix de Lorraine de gueules, une dans chaque canton.

Sarreguemines, chef-lieu d'arrondissement. — D'or, à la bande de gueules, chargée de trois alérions d'argent, posés en bande, qui est de *Lorraine*. Avec une brisure sans doute (Voyez, ci-devant, p. 39).

Sierck, chef-lieu de canton de l'arrondissement de Thionville. — D'or, à la bande de gueules, chargée de trois coquilles d'argent, posées en bande. Ses anciennes armes étaient : d'or, à l'aigle éployée de sable.

Thionville, chef-lieu d'arrondissement. — D'azur, à une fortification de remparts, à trois tours crénelées d'or; celle du milieu avancée et supérieure, maçonnées de sable, ouvertes et ajourées d'argent (Voyez, ci-devant, p. 39).

Verny, chef-lieu de canton, arrondissement de Metz. — D'argent, à trois pals de sable.

VILLERS-BETNACH, canton de Vigy, arrondissement de Metz. — ...... à la croix...... cantonnée de quatre serres d'aigles, posées en barre.

VILLERS-LA-MONTAGNE, ancienne baronnie, canton de Longwy, arrondissement de Briey. — D'azur, à deux bars adossés en pal d'or, accompagnés en chef et en pointe de deux croix recroisetées d'argent et en flancs de deux croix de Lorraine d'or.

VOLKRANGE, canton et arrondissement de Thionville. — D'argent, à la fasce de gueules, en chef fretté de même (*Monographie de Preisch ;* p. 99).

WARIZE ou VARIZE, canton de Boulay, arrondissement de Metz. — De gueules, à la fasce d'argent, surmontée d'une rose d'or.

WASBERG ou VASBERG, canton de Boulay, arrondissement de Metz. — De sable, au lion rampant d'argent.

WOIPPY, canton et arrondissement de Metz. — De gueules, au dextrochère vêtu d'argent, mouvant du flanc sénestre, tenant un glaive levé d'argent, garni d'or; accosté en chef de deux besants *alias* deux pavés ou cailloux d'or. (Ce sont aussi les armes de la cathédrale de Metz).

DU MÊME AUTEUR :

Le Guide Toulousain. Toulouse, 1849 ; 1 vol. in-12.

Annuaire Général de la Haute-Garonne, de 1852 à 1866 ; 15 vol. in-12.

Le Guide Toulousain. Edition de 1853 ; 1 vol. in-12.

ARMOIRIES DE LA VILLE DE TOULOUSE. Description historique et héraldique. 1855 ; in-f° imprimé sur papier et sur parchemin.

Histoire de l'Exposition des Beaux-Arts et de l'Industrie de Toulouse, en 1858. 1 vol. in-12, avec gravures.

Histoire de l'antique église de Saint-Sernin du Taur, actuellement Notre-Dame du Taur. 1860 ; 1 vol. in-12.

Notice historique et descriptive de la Bannière d'Honneur donnée, *au nom des habitants de la ville de Toulouse, à la société chorale Clémence Isaure,* par Alphonse Bremond, secrétaire de ladite société. 1858 ; in-4° avec lithographie de la bannière.

Histoire de toutes les saintes Reliques conservées dans l'insigne basilique de Saint-Saturnin. 1862 ; 1 vol. in-18.

NOBILIAIRE TOULOUSAIN, *etc.* 2 vol. in-8°, avec blasons.

Annales du XIXᵉ siècle de la ville de Toulouse. 1865 ; 1 vol. in-12.

Histoire de l'Election municipale de 1865. 1867. Deux éditions : in-18 en 2 vol. et in-12 en 1 vol.

Programmes historiques et descriptifs des fêtes de Charité données, à Toulouse, les 22 et 23 avril 1860. — *Concours régional et agricole,* tenu, à Toulouse, du 18 au 26 mai 1861. — *Des fêtes de Charité,* données, à Toulouse, en 1865. — Des fêtes de Toulouse, à l'occasion de *la Canonisation de sainte Germaine,* en 1867. Tous ces programmes, formant des brochures historiques, étaient *officiels.*

Histoire du Nobiliaire Toulousain, contre Bonnal et Gibrac, éditeurs. Montpellier ; in-8°.

Le Guide Toulousain, 3ᵉ édition ; 1868. 1 vol. in-12, avec cartes.

Indicateur du Nobiliaire Toulousain. 1868 ; 1 vol. in-12, avec blasons gravés sur bois.

ARMORIAL TOULOUSAIN. 1869 ; 1 vol. in-12, avec 200 blasons gravés sur bois.

Etat actuel de la Noblesse Toulousaine, etc. 1870 ; 1 vol. in-12, avec blasons.

Histoire du Coup-d'Etat dans le département de la Haute-Garonne et dans les départements ressortissant de la cour de Toulouse (1851-1852), d'après les documents officiels et authentiques. Toulouse, décembre 1870 ; 1 vol. in-12 de 180 pages.

Etat actuel de la Noblesse Toulousaine, etc. 1871 ; 1 vol. in-12, avec blasons.

Histoire généalogique de l'ancienne et illustre maison de Beauffort, d'Artois, etc. 1876 ; 1 vol. in-8°, avec blasons.

Justification de l'auteur du Coup-d'Etat dans le département de la Haute-Garonne et dans le ressort de la cour d'appel de Toulouse. 1877 ; in-8° de 56 pages, texte compacte. Brochure très-curieuse à cause des révélations qui s'y trouvent.

Histoire de l'hôtel de Gargan, situé en Nexirue, à Metz. 1878 ; in-8° avec blasons ; quelques exemplaires avec la photographie de l'hôtel.

Monographie de la seigneurie de Preisch. — Luxembourg, Lorraine. — 1879 ; 1 vol. in-8°, avec vue, plan et blasons.

www.ingramcontent.com/pod-product-compliance
Lightning Source LLC
LaVergne TN
LVHW022206080426
835511LV00008B/1604